Maravillas del Cuerpo Humano

Alejandro Algarra
Marta Fàbrega

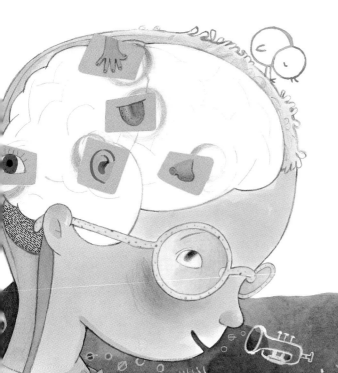

Contenido

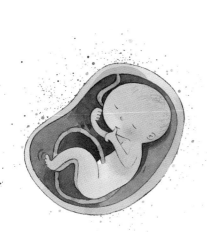

Todos somos distintos y especiales...

Todos somos distintos, ¿no te parece maravilloso? Cada persona es diferente a las demás. Nadie tiene unos ojos como los tuyos. Tu cara puede parecerse a la de alguien de tu familia, pero no es igual. Hasta los gemelos idénticos son, en realidad, un poco diferentes.
Sabrás también que hay gente más alta y gente más baja, gente con un color de piel más claro y gente con la piel y el cabello más oscuros. Puedes decirlo sin equivocarte: ¡eres único!

...pero a la vez, todos somos iguales

Todos somos iguales, ¿no te parece, también, maravilloso? Aunque seamos personas únicas y diferentes a todas las demás, tenemos el mismo cuerpo. ¿Qué significa eso? Es sencillo: tu cuerpo es igual que el cuerpo de tus padres, o que el de tu abuelita, o que el del vecino. También es igual que el de una niña que vive muy lejos de ti, en otro país con otro clima y otra cultura. El cuerpo siempre tiene los mismos huesos, músculos, órganos y sentidos. Tiene siempre piel, pelo, uñas...

Pequeñas pero importantes: las células

Estamos formados por miles y miles y miles de células. Pero ¿qué es una célula? Para el cuerpo son como los ladrillos para una casa. Son tan pequeñas que no las puedes ver, pero están ahí: forman tu piel, tus huesos, tus órganos..., todo tu cuerpo. Las células están vivas: nacen, crecen, respiran, se mueven, se dividen. Hay muchas diferentes, según para lo que sirvan. Una sola no hace gran cosa, pero cuando se juntan muchas pueden conseguir cosas increíbles.

Un montón de huesos

El esqueleto es una de las partes más importantes del cuerpo. Está formado por una gran cantidad de piezas, que son los huesos, conectadas entre sí. Hay huesos alargados y huesos planos, huesos muy pequeños y huesos muy grandes. ¿Cuántos huesos crees que tienes tú? Cuando nacemos tenemos más de trescientos, pero cuando crecemos algunos se juntan y al final tenemos doscientos seis. ¡Sigue siendo un montón!

Cerebro

Cráneo

Huesos que protegen

Tócate la cabeza. ¿Notas lo dura que es? Los huesos son muy duros para proteger partes muy importantes de tu cuerpo, que son blanditas y muy delicadas. El cráneo es un grupo de huesos de la cabeza. Protege el cerebro igual que la cáscara de una nuez protege el fruto seco que contiene. Otros huesos muy importantes de tu cuerpo son las costillas, que protegen los pulmones y el corazón, y la columna vertebral, que protege parte de tu sistema nervioso.

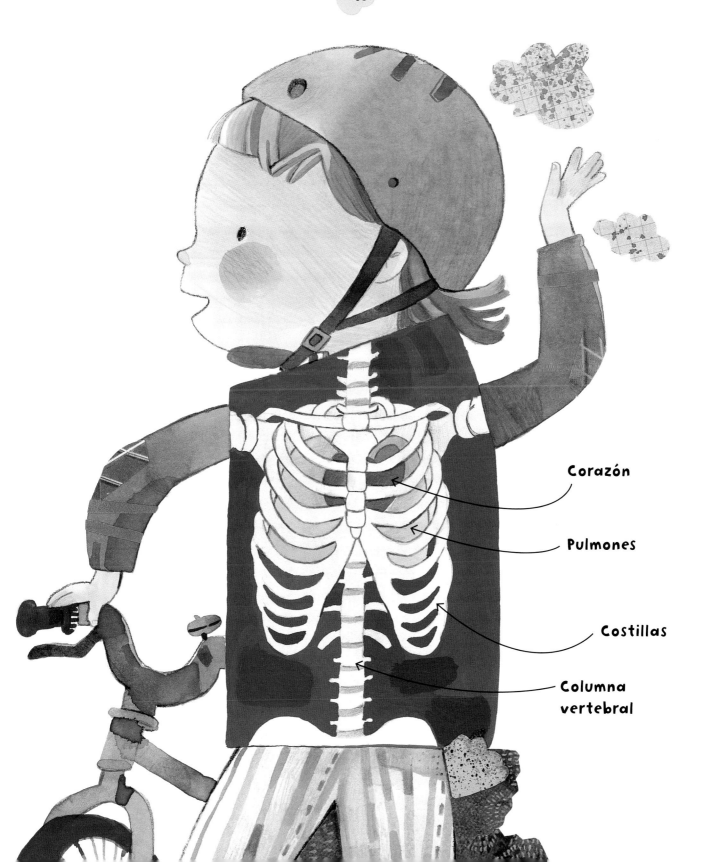

Corazón

Pulmones

Costillas

Columna
vertebral

Huesos para moverte y sostenerte

Además de proteger tus órganos, algunos huesos ayudan a sostener tu cuerpo y también te permiten hacer muchos movimientos, como saltar, correr, dibujar o escribir. Son los huesos de los brazos y de las piernas, y también los de las manos y de los pies. Si no los tuvieras no podrías ponerte de pie ni lanzar una pelota ni coger un tenedor. La columna vertebral que recorre tu espalda también es muy importante: ¡sostiene la cabeza, que pesa mucho!

¿Qué pasa cuando te rompes un hueso?

Los huesos son muy duros, eso ya lo sabes, pero también son frágiles. Cuando una cosa es dura pero se puede romper, por ejemplo con un golpe fuerte, decimos que es frágil. Si resbalas y te caes, puedes romperte un hueso. Por suerte se cura muy rápido. Para que el hueso no se mueva y se arregle bien, el médico te pone una escayola. El cuerpo, en poco tiempo, reconstruirá el hueso completamente y pronto podrás volver a correr y saltar igual que antes.

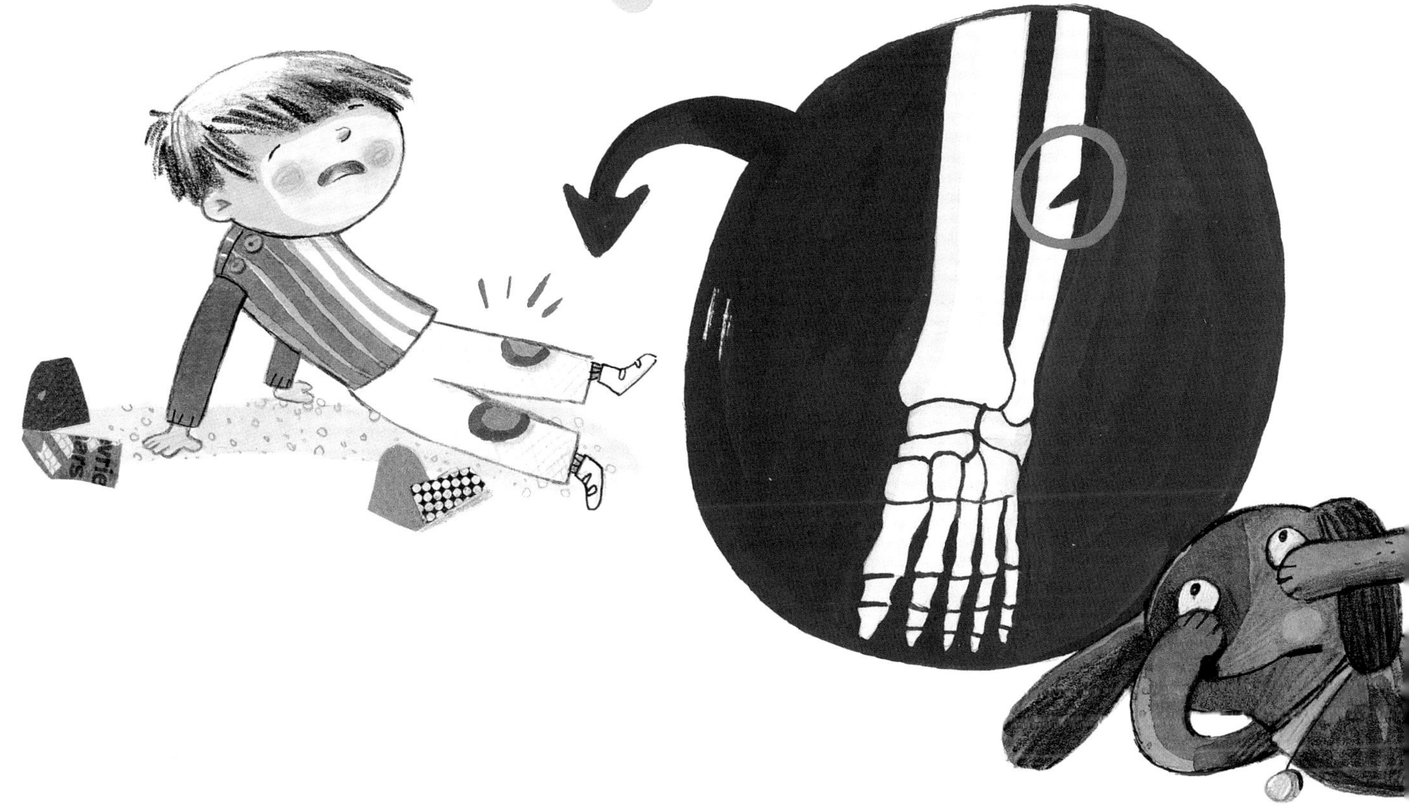

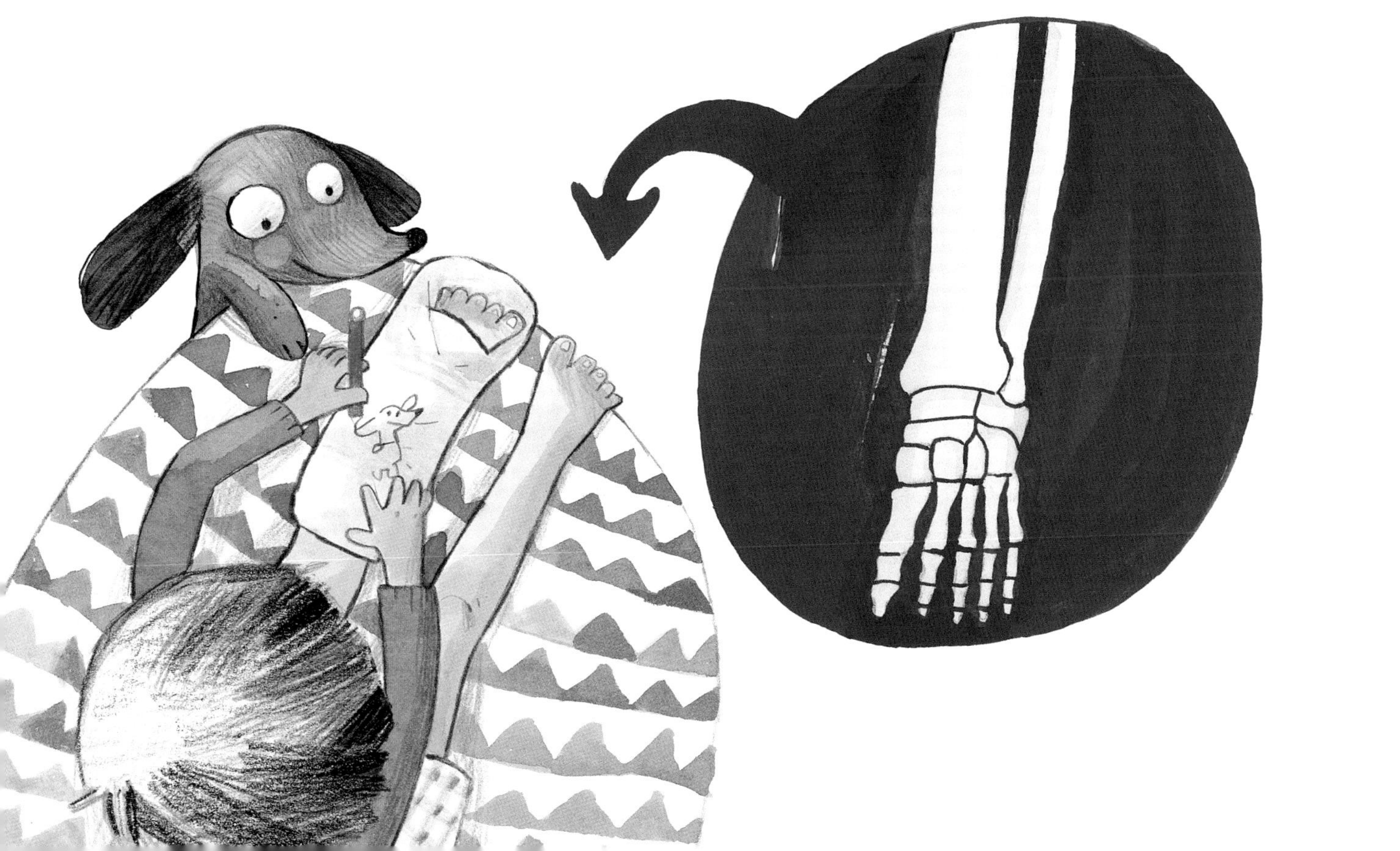

Crecen mis huesos, crezco yo

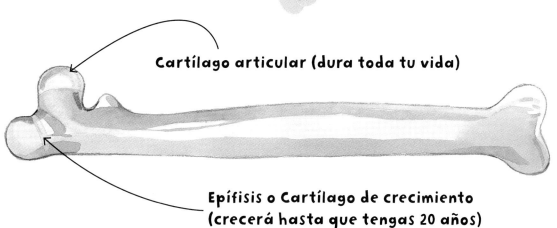

Cartílago articular (dura toda tu vida)

**Epífisis o Cartílago de crecimiento
(crecerá hasta que tengas 20 años)**

Los huesos largos, como los de los brazos, las piernas y los dedos, crecen, y por eso crece el cuerpo. En la infancia, los huesos no son completamente rígidos: una parte está hecha de cartílago, que no es tan duro y, por eso, pueden crecer. Con una alimentación rica en leche, queso, frutas y verduras, los huesos crecen sanos y fuertes. Cuando todo el cartílago de los huesos se ha endurecido, más o menos a los veinte años de edad, dejamos de crecer.

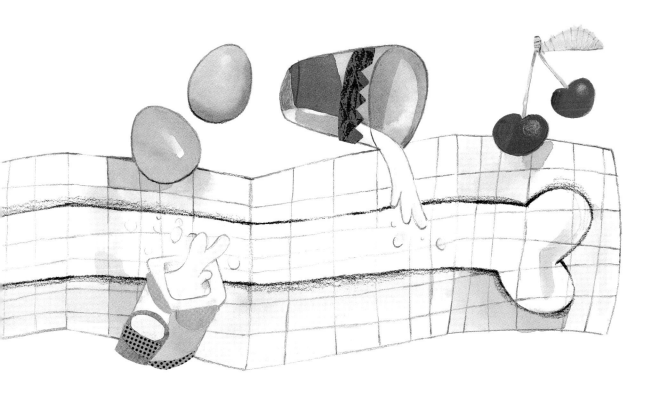

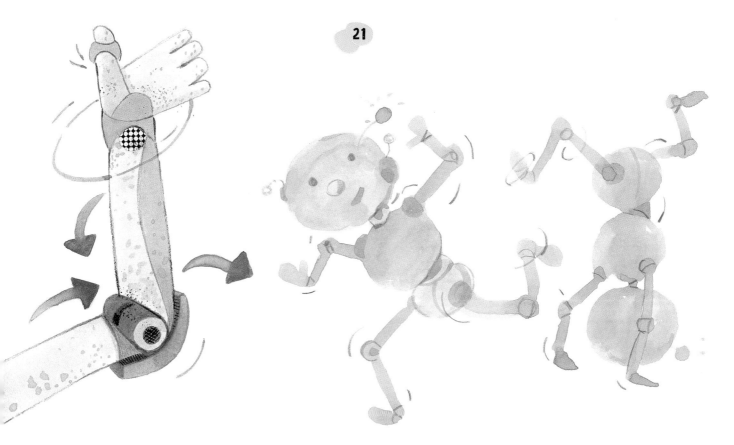

El cuerpo en movimiento

Los huesos no pueden moverse por sí solos. Necesitan trabajar con los músculos, que rodean el esqueleto y están unidos a los huesos. Gracias a los ligamentos, tendones, cartílagos y músculos, eres capaz de moverte. En los sitios donde un hueso se junta con otro hay una articulación. ¿Dónde están tus articulaciones? Las tienes en la mandíbula, en el cuello, en los codos, en las muñecas, en los dedos, en la espalda, en las rodillas, en los tobillos...

Los músculos
van de dos en dos

¿Cuántos músculos tiene el cuerpo? Algunos científicos dicen que más de seiscientos, pero otros cuentan más de ochocientos. Los hay de muchas formas diferentes. Algunos son planos, como los del pecho, y otros son alargados, como los de los brazos y las piernas. También hay algunos redondos, como los que rodean la boca o los ojos. Los músculos trabajan por parejas. Cuando uno se estira, el otro se encoge, y al revés. ¡Así es como nos movemos!

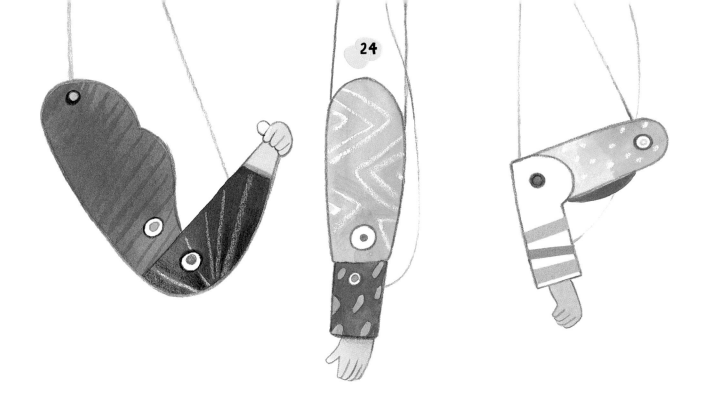

Doblo y estiro mi brazo

Dobla un brazo. Cuando lo haces, el bíceps, un músculo que está encima del hueso (el húmero), tira del antebrazo. El bíceps se ha hecho más corto y por eso se abulta tu brazo. Detrás del húmero hay otro músculo, el tríceps, que hace lo contrario: se alarga. Como resultado, tu antebrazo se ha movido, es decir, has doblado el brazo por el codo. Para extender el brazo hacemos lo contrario: el tríceps se acorta y el bíceps se alarga. ¡Fácil!

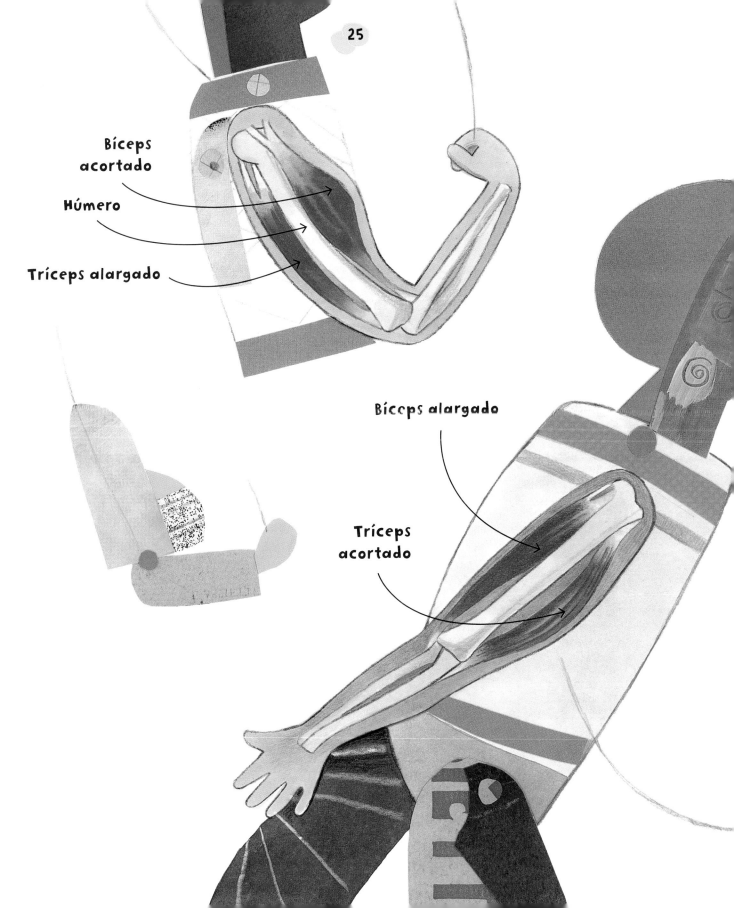

Bíceps acortado

Húmero

Tríceps alargado

Bíceps alargado

Tríceps acortado

Músculos para expresarte

Tenemos más de cuarenta músculos
en la cara. Unos rodean los ojos,
otros permiten mover las cejas
y otros rodean los labios y hacen
posible abrir y cerrar la boca. Con
otros músculos puedes subir las
mejillas al sonreír o arrugar la frente
cuando pones cara de preocupación.

Prueba a hacer la mueca más graciosa que se te ocurra: sube las cejas, arruga la nariz, sonríe con la boca torcida y saca la lengua. ¡Para hacerlo has usado un montón de músculos!

¡Haz ejercicio!

Los músculos crecen con el ejercicio. Cuando corres, saltas, juegas al fútbol o montas en bici, tu sistema muscular crece y se hace fuerte. ¿Alguna vez has tenido agujetas? Son muy dolorosas y aparecen cuando haces mucho deporte o llevas demasiado tiempo sin moverte. Para tener músculos sanos y fuertes, además de hacer ejercicio es importante comer carne y pescado (proteínas), y frutas y verduras (azúcares y vitaminas).

El motor
de mi cuerpo

En el cuerpo hay un músculo fuerte y muy
especial que es distinto a todos los demás. Está
más o menos en el centro del pecho, aunque un
poco más cerca del lado izquierdo. ¿Ya sabes de
qué órgano hablamos? Por dentro es hueco, como
si estuviera dividido en cuatro habitaciones.
Si comparas el cuerpo con una máquina, este
órgano sería el motor. Sin motor no funcionan las
máquinas, igual que el cuerpo no funciona sin el
corazón.

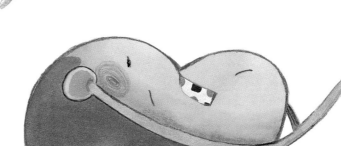

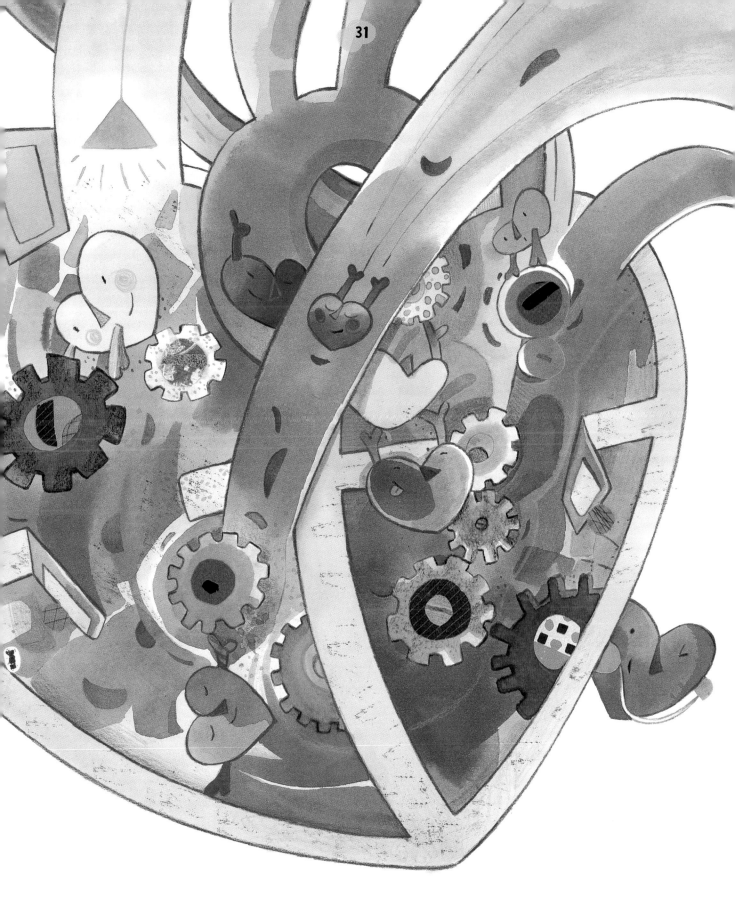

Latidos del corazón

Pon la mano sobre tu pecho. ¿Notas los latidos? Pum-pum, pum-pum, pum-pum... El corazón está siempre latiendo, de día y de noche, cuando duermes y cuando estás despierto. Late desde antes de que nacieras y latirá siempre, toda tu vida. A diferencia de los músculos que puedes mover tú, este músculo se mueve solo: tu cerebro le dice que lata continuamente. Con cada latido, la sangre se mueve por el cuerpo y llega a todas partes. Luego, vuelve al corazón.

Un líquido vital

El corazón bombea la sangre, un líquido de color rojo que corre por todo tu cuerpo. Si miramos una gota con un microscopio (un aparato que te permite observar cosas minúsculas, invisibles a simple vista), podemos apreciar que más de la mitad de la sangre es agua. Además, contiene diferentes tipos de células que hacen muchos trabajos. La función más importante de la sangre es llevar alimento y oxígeno a todas las células de tu cuerpo. ¡A todas!

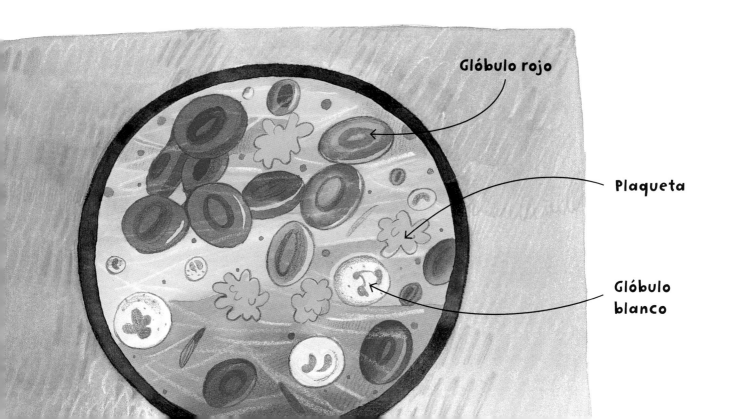

Glóbulo rojo

Plaqueta

Glóbulo blanco

Gota de sangre

La mezcla
perfecta

La sangre transporta glóbulos rojos, glóbulos blancos y plaquetas. Los glóbulos rojos llevan oxígeno a todo el cuerpo, los glóbulos blancos son los guardianes que vigilan que no entren microbios ni otros enemigos, y las plaquetas ayudan a taponar las heridas. Además, la sangre contiene agua, sales, gases, azúcares, proteínas y grasas, entre muchas otras cosas. Es la mezcla perfecta que relaciona todos los sistemas de tu cuerpo.

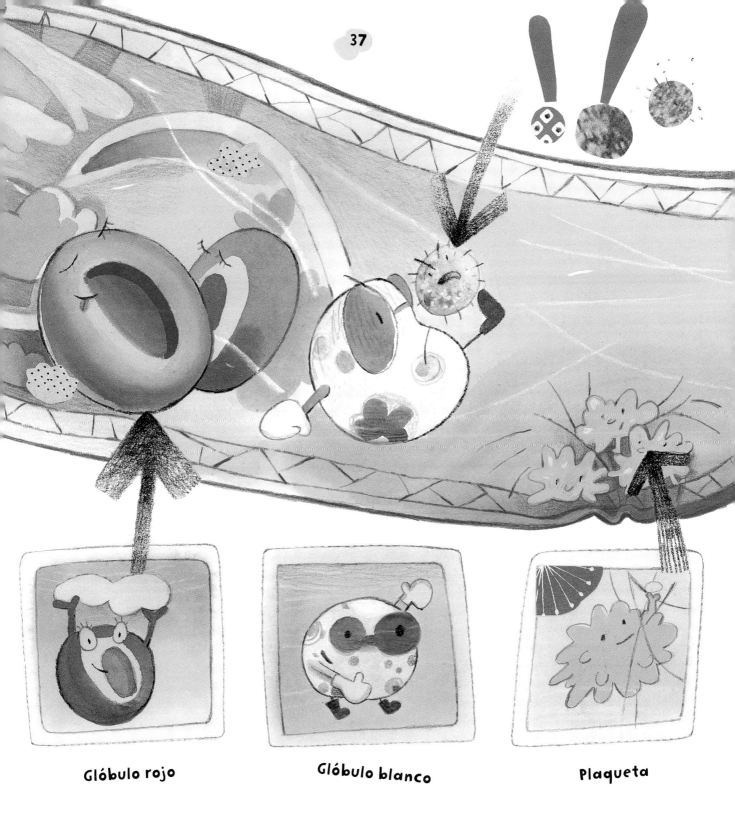

Glóbulo rojo

Glóbulo blanco

Plaqueta

Autopistas
de transporte

¿Por dónde corre la sangre? Va siempre dentro de un circuito cerrado, como si fueran las autopistas, las carreteras y los caminos de un país. Las arterias son tubos que llevan la sangre que sale del corazón y las venas son tubos que llevan sangre de vuelta a él. Entre las arterias y las venas hay tubos finísimos, llamados capilares, que son los que llegan a las células de todo el cuerpo. ¿Quieres ver tus venas? Si miras la cara interna de tus brazos seguro que las ves.

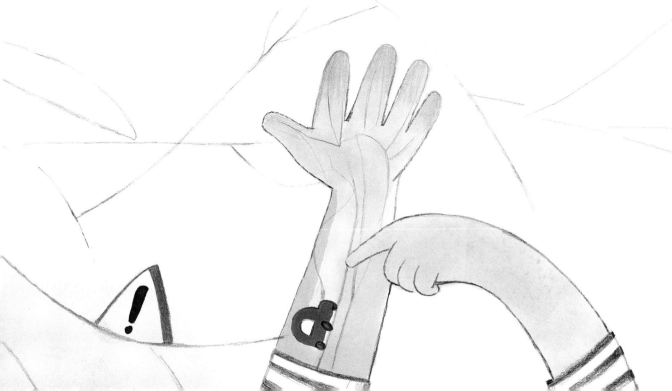

Otras funciones de la sangre

Los glóbulos blancos son células que patrullan por todo el sistema circulatorio, igual que la policía en las carreteras. Si encuentran algún intruso, por ejemplo, un microbio, se encargan de eliminarlo para que no te haga daño. Te ayudan a protegerte de las enfermedades.

Las plaquetas tienen otro papel: cuando te caes y se abre una herida, ellas se encargan de taponarla para que no se pierda sangre y ayudan a formar la costra. Cuando la herida está curada, la costra se cae. ¡Gracias, plaquetas!

Mantenemos tu sangre limpia

Tus células, en sus quehaceres diarios, fabrican "basura". Hay un residuo que es muy importante que la sangre recoja en cuanto se forma. Se llama "urea". Los riñones son los órganos que se encargan de filtrar la sangre. Eliminan la urea recogida en las células y forman la orina. Tienes dos riñones. Están en la parte baja de la espalda, uno a cada lado. Son del tamaño de un puño y tienen forma de alubia o judía. Por ellos pasa continuamente toda tu sangre.

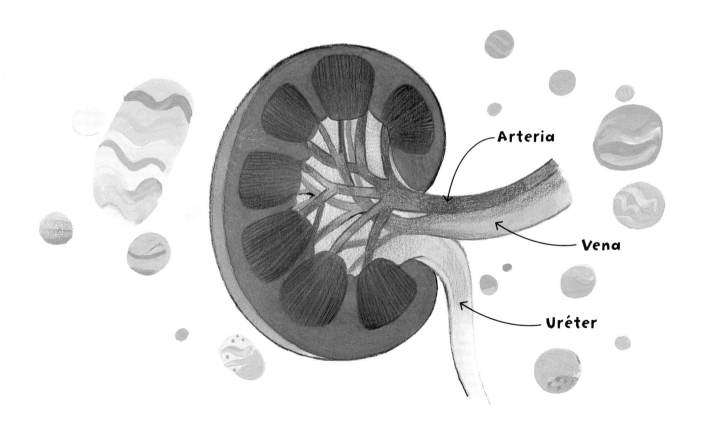

Arteria

Vena

Uréter

Riñón

Uréter

Vejiga

¡No aguanto **más!**

¡Tengo que hacer **pipí!**

Además de formar la orina, los riñones ayudan a que la cantidad de agua en la sangre sea más o menos siempre la misma. Las gotitas de orina que poco a poco recogen los riñones bajan por dos tubos, los uréteres. Estos acaban en un órgano con forma de globo, la vejiga urinaria, que recoge todo el pipí. Cuando la vejiga está suficientemente llena, avisa a tu cerebro y él hace que digas: "¡Tengo que ir al baño!". Al final, la orina sale por un tubo más: la uretra.

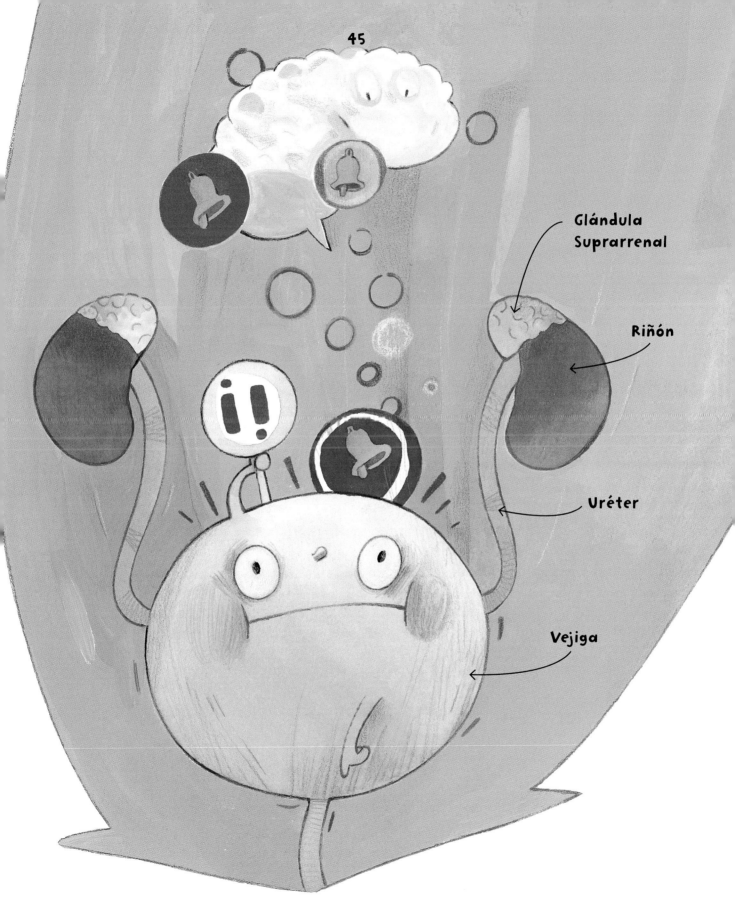

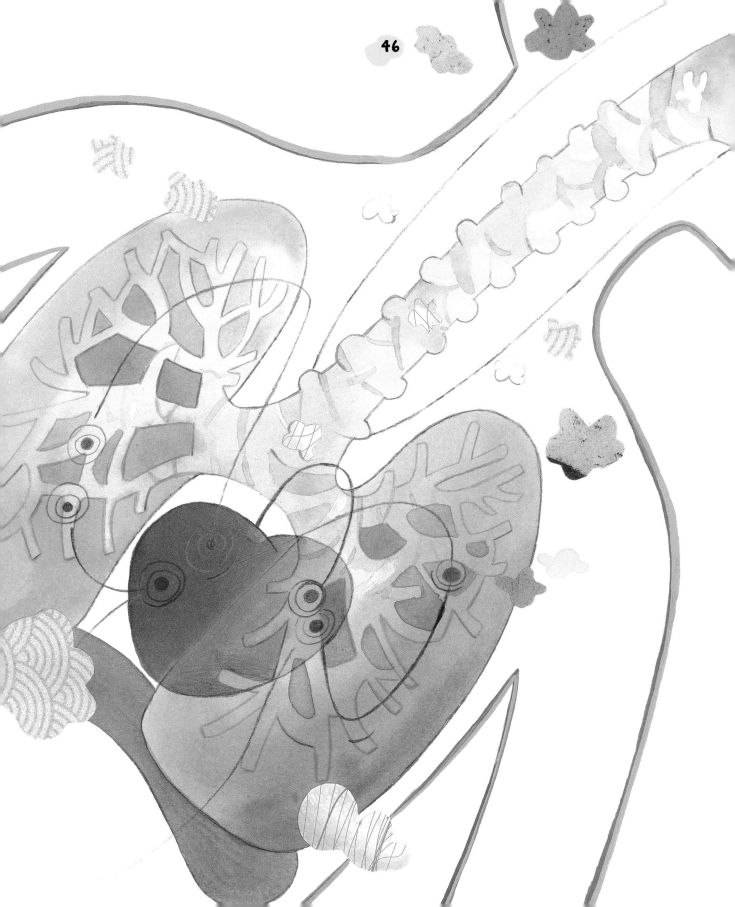

Pulmones
para respirar

En el momento que naciste empezaste a respirar, y lo
seguirás haciendo toda tu vida. Pero, ¿para qué sirve?
Cuando respiras, en tus pulmones entra el aire, que
contiene un gas muy importante para los seres vivos: el
oxígeno. En los pulmones, la sangre recoge el oxígeno del
aire. El corazón y las arterias se encargan de enviar los
glóbulos rojos cargados de oxígeno a todas las células. Ellas
lo necesitan porque, para tener energía, hace falta gastar
oxígeno.

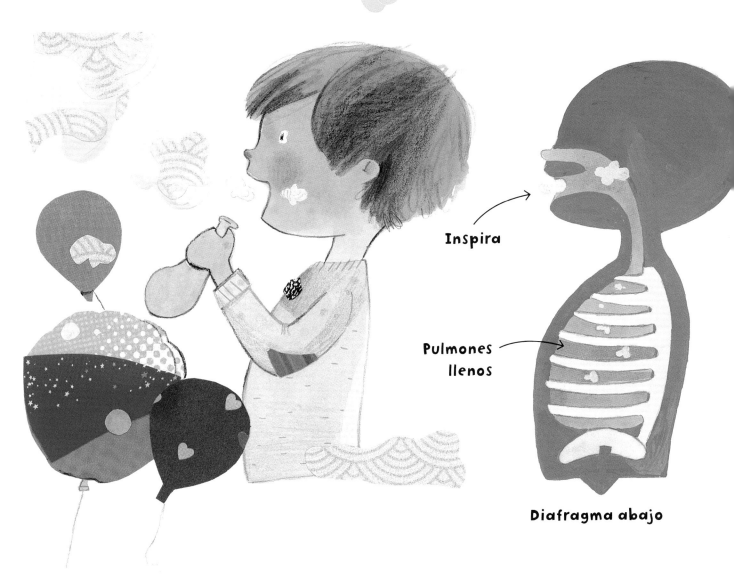

Inspira

Pulmones
llenos

Diafragma abajo

Inspira... espira...

Espira

Pulmones vacíos

Diafragma arriba

Coge aire, coge mucho aire. ¿Notas cómo se hincha tu pecho? Es el aire que ha llenado tus pulmones. Has inspirado. Si ahora soplas y sueltas todo el aire, notarás que tus pulmones se han quedado vacíos. Has espirado. La respiración funciona así: inspirar, espirar, inspirar, espirar, inspirar, espirar... No hace falta que recordemos hacerlo cada vez: el cerebro pone el "piloto automático" y hace que respires sin problemas, incluso cuando duermes. ¡Qué bien!

¿Por qué tengo hipo?

El aire pasa por más partes del sistema respiratorio, además de los pulmones: la nariz, la laringe, la tráquea, los bronquios, los bronquiolos y, al final, los alvéolos. Debajo de los pulmones tenemos un músculo especial: es el diafragma. Cuando baja, los pulmones se hinchan, y cuando sube, los pulmones se deshinchan. Si tragas aire sin querer, el diafragma se mueve de golpe hacia arriba para expulsar a ese molesto intruso, y tú haces "¡hip!". Es el hipo.

Laringe

Tráquea

Bronquios

Bronquiolos

Alvéolo

Diafragma

Tos y estornudos

Las vías respiratorias tienen que estar siempre despejadas para que el aire entre y salga sin problemas. Cuando te pica la garganta se produce un reflejo que se llama tos. Gracias a ella se calma el picor y se expulsa por la boca lo que estuviera molestando en la garganta.

El estornudo es diferente. Cuando estás a punto de estornudar tienes una sensación muy extraña en la nariz. Entonces, sin poderlo parar, expulsas de repente todo el aire y mocos por la nariz, y lágrimas por los ojos. Así, tu cuerpo despeja bien las vías respiratorias tapadas.

Unas **cuerdas** casi mágicas

En la laringe hay unos pliegues llamados "cuerdas vocales". Cuando respiras, las cuerdas vocales están abiertas totalmente para que pase el aire. Cuando hablas, en cambio, las cuerdas se abren y cierran para cambiar el sonido. El aire que sale vibra y forma sonidos más graves o más agudos al pasar por esos pliegues. Gracias a las cuerdas vocales y a la posición de la lengua, los dientes y los labios, puedes decir diferentes letras, palabras y frases. ¡Parece magia!

Cuerdas
vocales abiertas

Cuerdas
vocales cerradas

Distintos dientes para distintos trabajos

¿Alguna vez has visto un delfín con la boca abierta? Si te fijas, todos sus dientes son iguales. Ahora abre tú la boca y mira tus dientes en un espejo. ¿Son todos iguales? ¡No!, son diferentes, porque cada tipo de diente hace trabajos distintos. Los incisivos sirven para cortar la comida, los caninos (o colmillos) los usas para sujetar bien algunos alimentos como la carne, y los premolares y molares se encargan de triturarlo todo antes de tragar.

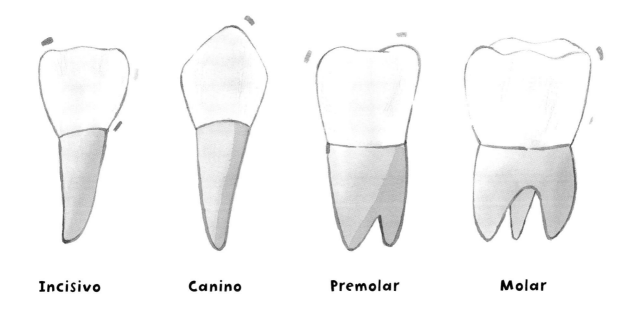

Incisivo   **Canino**   **Premolar**   **Molar**

De los dientes de leche a los dientes definitivos

El ser humano no tiene dientes cuando nace. Empiezan a aparecer cuando el bebé tiene unos seis meses. Los niños suelen tener los veinte dientes que forman su dentadura cuando cumplen tres años. ¿Tú ya los tienes todos? Son los dientes de leche. En los siguientes años serán sustituidos por otros, que son los definitivos y tienen que durar el resto de la vida. Además, aparecerán más dientes, porque los adultos tienen treinta y dos. ¿Se te ha caído ya algún diente de leche? ¿Te ha salido alguno de los definitivos?

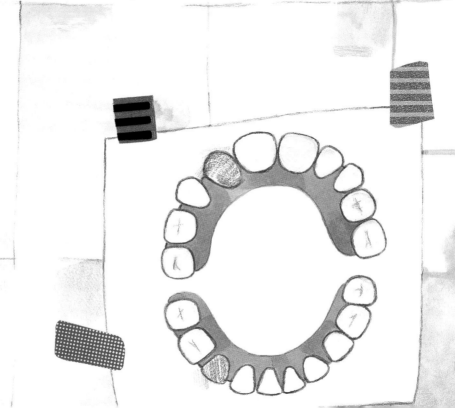

Hora de comer: combustible para el cuerpo

Para que tu cuerpo crezca, todas tus células tengan energía y todos tus músculos y, sobre todo, el cerebro, siempre estén preparados necesitas comer. La digestión empieza en la boca, desde el momento en que los dientes mastican la comida y la mezclan con saliva. Cuando está bien triturada, la tragamos. Pasa por un tubo, el esófago, y llega al estómago. En ese órgano con forma de saco la comida se mezcla bien y se digiere.

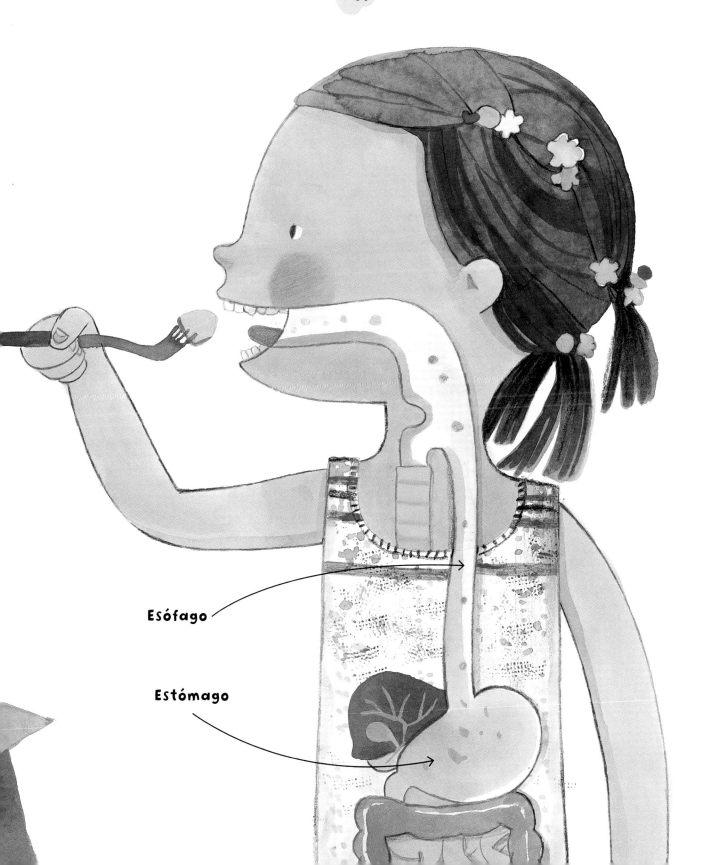

Esófago

Estómago

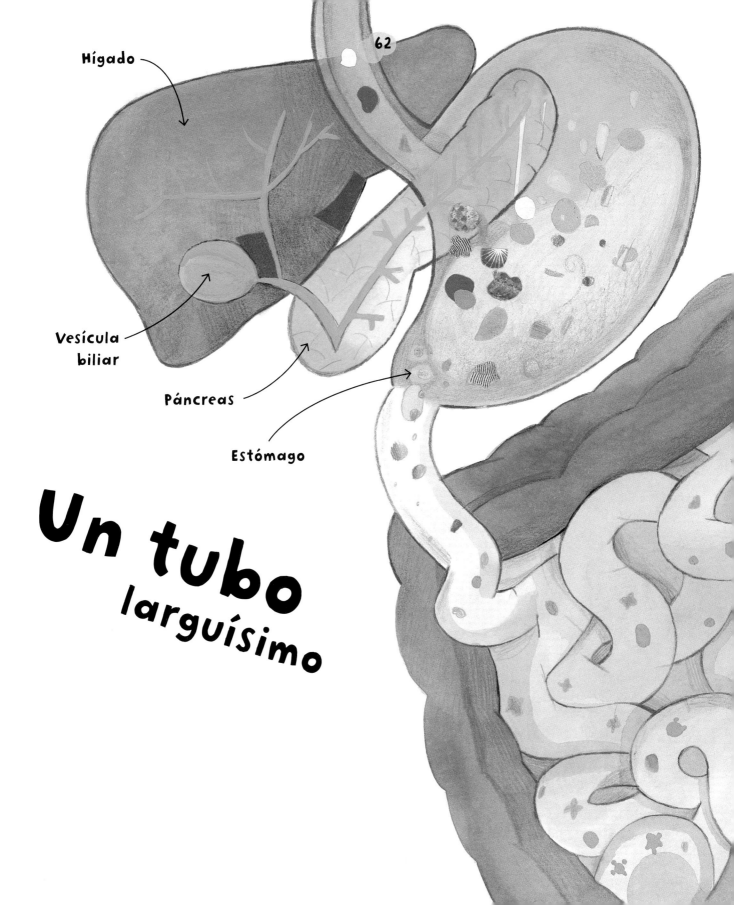

Hígado

Vesícula
biliar

Páncreas

Estómago

Un tubo
larguísimo

Cuando el estómago acaba su trabajo, la comida
se ha convertido en una pasta casi líquida, como
una papilla. Entonces entra en un tubo muuuuuy
largo: el intestino delgado. Algunos órganos
que están cerca de tu intestino, el páncreas y
el hígado, fabrican jugos pancreáticos y bilis,
que ayudan a digerir aún más esta papilla. A lo
largo del intestino delgado, los alimentos, ya
de tamaño microscópico, atraviesan la pared del
tubo y entran en la sangre.

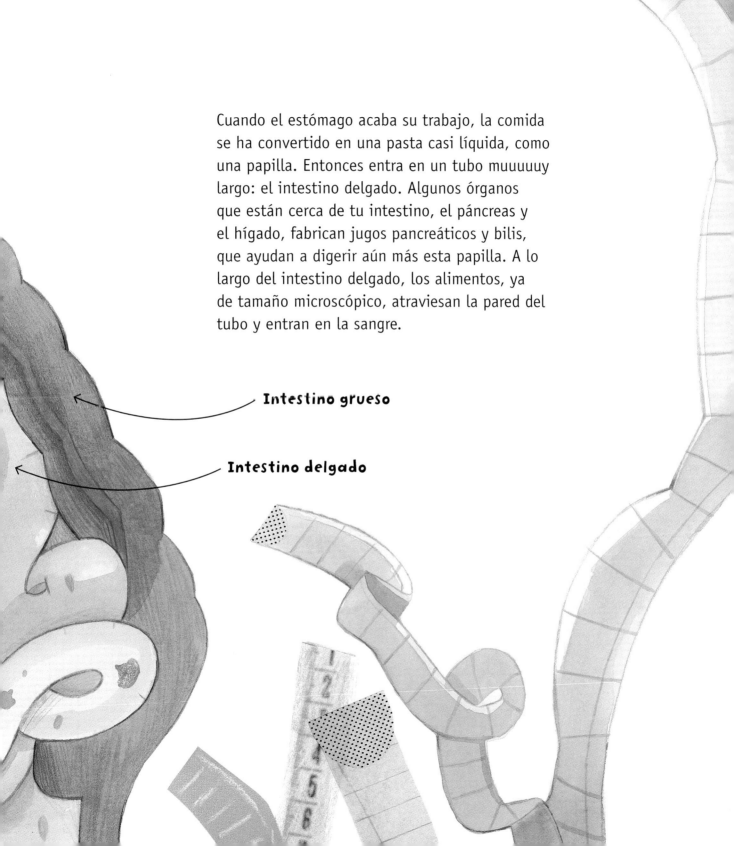

Intestino grueso

Intestino delgado

El final de la digestión

En el intestino delgado, los nutrientes (azúcares, proteínas y grasas) y los minerales (como la sal) entran en la sangre. Antes de llevarlos a todos los órganos, pasan por el hígado. Él se encarga de buscar y eliminar toxinas, o sea, basuras que te pueden dañar. ¡Gracias, hígado!

Cuando la comida acaba de pasar por el intestino delgado, lo que sobra y no se ha podido digerir pasa al intestino grueso. Allí se absorbe mucha agua, y el resto se compacta y sale de tu cuerpo: es "hora de ir al baño".

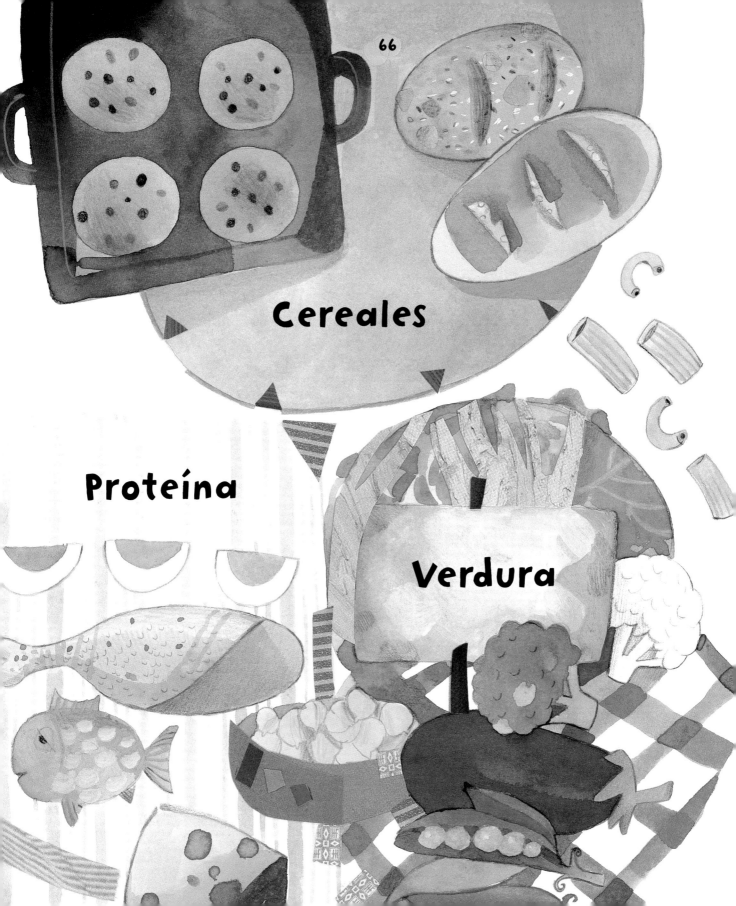

Cereales

Proteína

Verdura

Lo mejor es una alimentación saludable

Para estar bien sano necesitas comer proteínas, que ayudan a que los músculos crezcan fuertes; también azúcares, que dan mucha energía, permiten a las células funcionar y son el alimento principal del cerebro. Pero atención, no es bueno comer azúcar sola o alimentos azucarados. Los cereales, el pan, las frutas y las verduras tienen suficientes azúcares sanos para tu cuerpo. La grasa también es importante, pero con moderación. Bebe mucha agua y procura que en tu dieta no falten vitaminas, minerales y fibra (se encuentran sobre todo en la fruta y la verdura).

Agua

Fruta

El ordenador
central del cuerpo

Uno de los órganos más importantes de tu
cuerpo es el cerebro. Está protegido dentro
del cráneo, está dividido en dos mitades
unidas por un puente central y contiene
millones de neuronas, unas células muy
especiales. Según de qué área del cerebro se
trate, el trabajo de las neuronas es distinto:
en un área se forman las imágenes que
ven tus ojos, en otras zonas se almacenan
los recuerdos, más allá están las neuronas
que registran el dolor o los sentimientos.
¡Increíble!

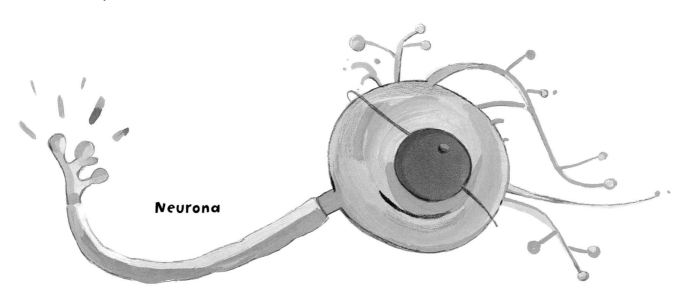

Neurona

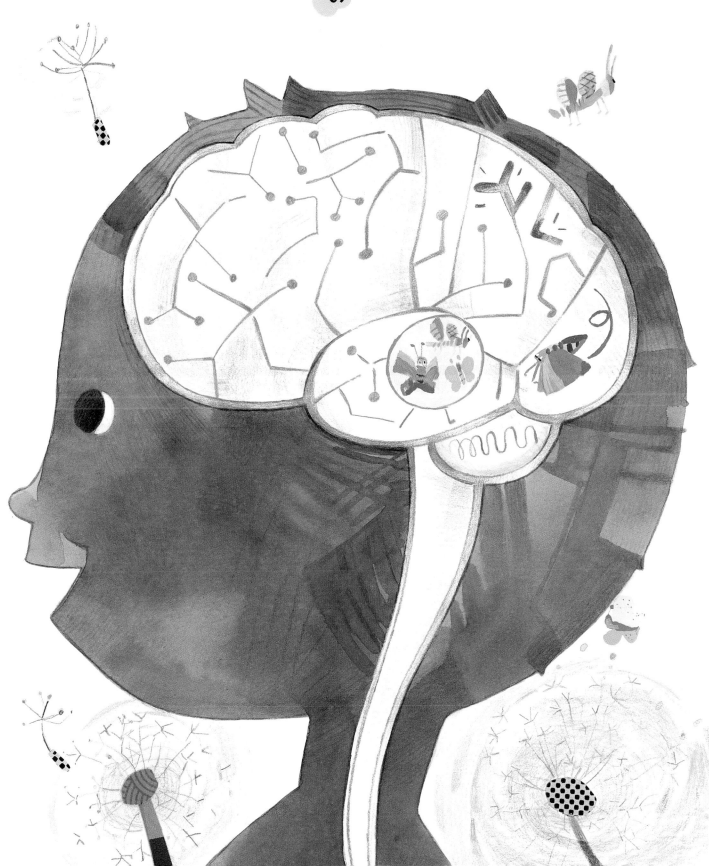

El mejor servicio de mensajería: los nervios

El cerebro controla todas las funciones del cuerpo, tanto las que haces voluntariamente como las que realizas de manera involuntaria (automática). Lo hace gracias a neuronas y nervios que salen del cerebro y llegan a todo el organismo. Las neuronas se conectan entre sí mediante unos filamentos largos, como si fueran cables. Además, comparten la información en forma de impulsos de electricidad, los impulsos nerviosos, que son rápidos como el rayo.

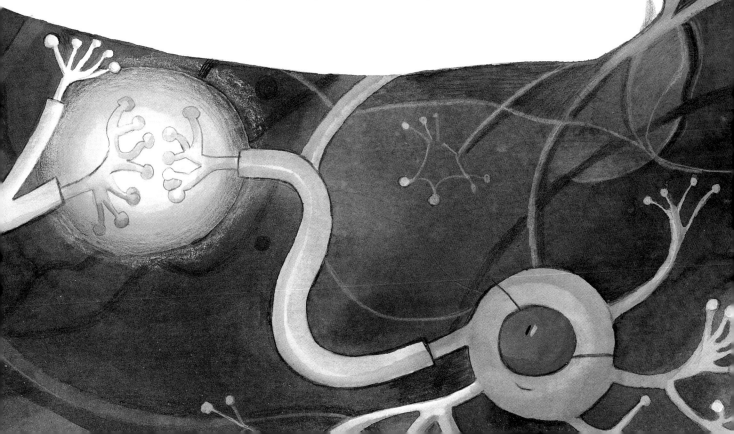

Pensar, recordar, sentir...

Aunque los científicos lo estudian desde hace muchos años, no sabemos exactamente cómo funciona el cerebro humano. En tu cerebro almacenas los recuerdos, memorizas datos a diario y se producen los sentimientos: la alegría, el enfado, el miedo... Tu cerebro es el responsable de tu personalidad. A lo largo de los años, con el aprendizaje y los ejercicios mentales, serás capaz de resolver problemas cada vez más complicados.

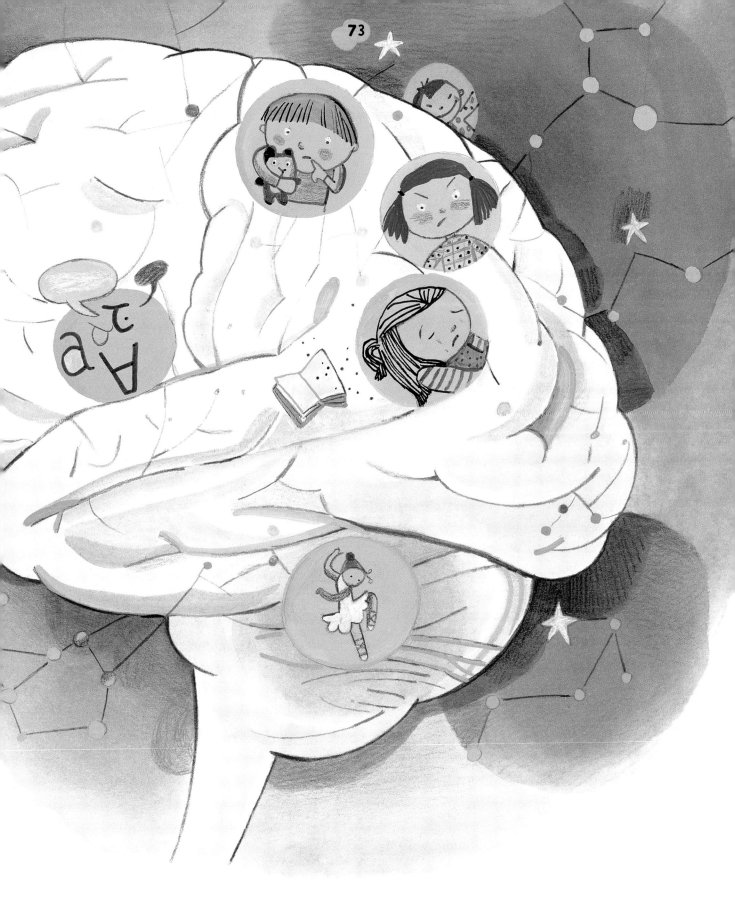

Más rápido
que el rayo

¿Alguna vez te ha hecho el doctor la prueba del martillo? Te da un golpe en la rodilla con un martillito especial y, aunque no quieras, das una patada muy fuerte. Es un acto reflejo. Se produce gracias a un circuito nervioso que va directo a la médula espinal. Es una forma de protegerte: si acercas la mano a una llama, por ejemplo, el acto reflejo da la orden de que la separes inmediatamente. Esta orden es tan rápida que ni siquiera pasa por el cerebro. Así, no te quemas.

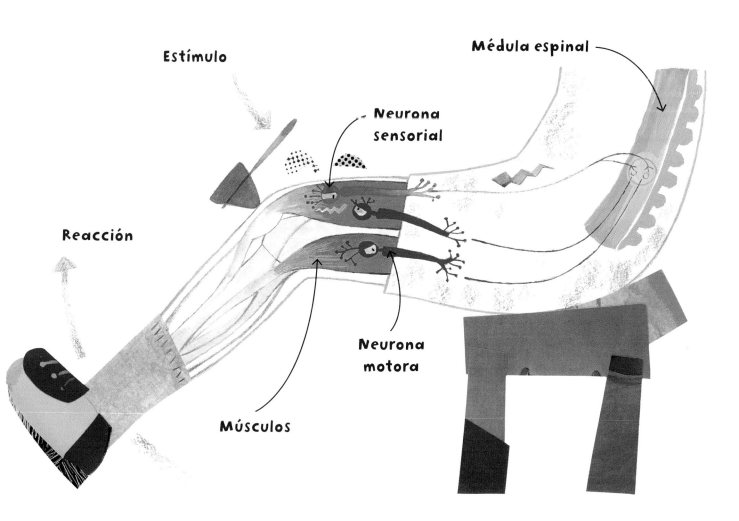

Estímulo

Médula espinal

Neurona sensorial

Reacción

Neurona motora

Músculos

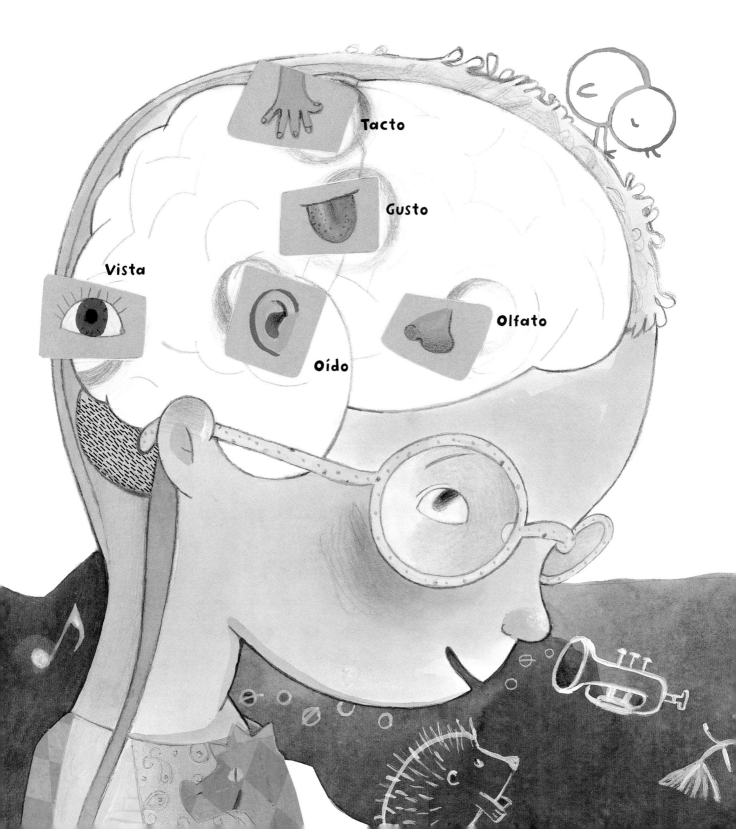

Sentidos
para conocer el mundo

Tu cerebro y el resto del sistema nervioso tienen las mejores herramientas para conocer el mundo que te rodea: los sentidos. Tienes cinco diferentes y los usas para percibir, es decir, para sentir cosas distintas. En todos tus sentidos hay unas células especiales, las neuronas sensitivas, que son capaces de transformar los estímulos del mundo exterior (imágenes, sonidos, sabores...) en información para tu cerebro.

La vista

Nos fiamos de nuestra vista porque nos da mucha información sobre el mundo que nos rodea: color, forma, tamaño, distancia... El órgano de la vista es el ojo. La luz entra por la pupila (el círculo negro que ves en el ojo cuando te miras en un espejo), atraviesa todo el ojo y llega al fondo, donde está la retina. Allí, unas células muy sensibles al color y a la luz, los bastones y los conos, envían toda esa información al cerebro, y es entonces cuando ves la imagen.

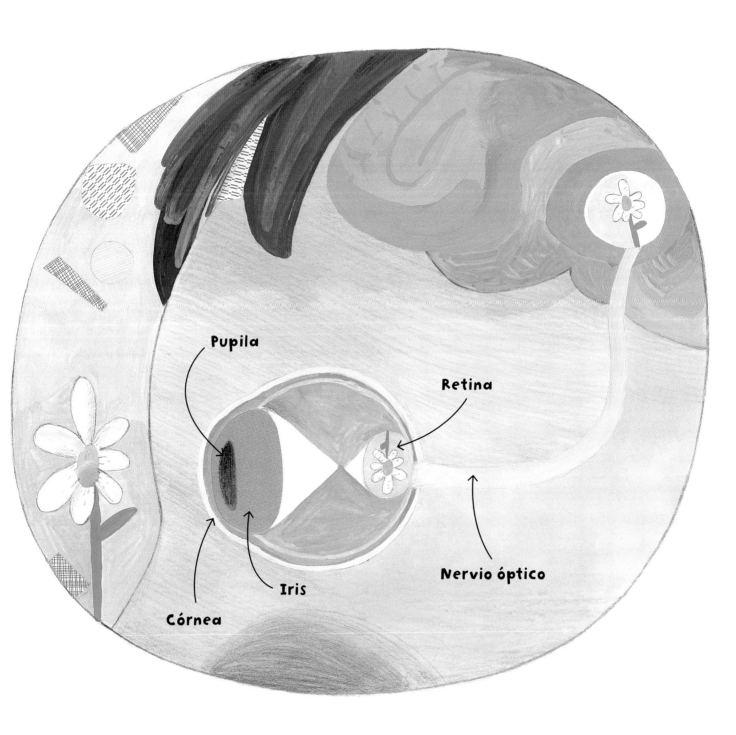

Pupila

Retina

Córnea

Iris

Nervio óptico

El oído

Cuando escuchas tu canción favorita, el sentido
que se pone a trabajar es el oído. El sonido es, en
realidad, una vibración del aire. Cuando llega a ti,
tus orejas la recogen y envían esa vibración hacia un
corto túnel que hay en el oído, donde se encuentra
el tímpano. El tímpano es una membrana parecida
a la superficie de un tambor, y el sonido hace que
vibre. Al final, la vibración del tímpano llega a células
sensibles que envían la información al cerebro. Es
entonces cuando oyes la música.

Tímpano

El olfato

¿Alguna vez has dicho: "¡Mmm, qué bien huele!" o "¡puaj, esto apesta!"? En los dos casos, el olfato es el sentido que te ha dado la información. Las neuronas del olfato están dentro de tu nariz, en la parte de arriba.

Son muy especiales porque están en contacto directo con el exterior. Por eso, cuando estás resfriado los mocos tapan las células olfativas y no hueles nada. Los olores viajan por el aire y llegan, por tu nariz, hasta las neuronas del olfato. ¿Sabías que los olores son lo que mejor recordamos?

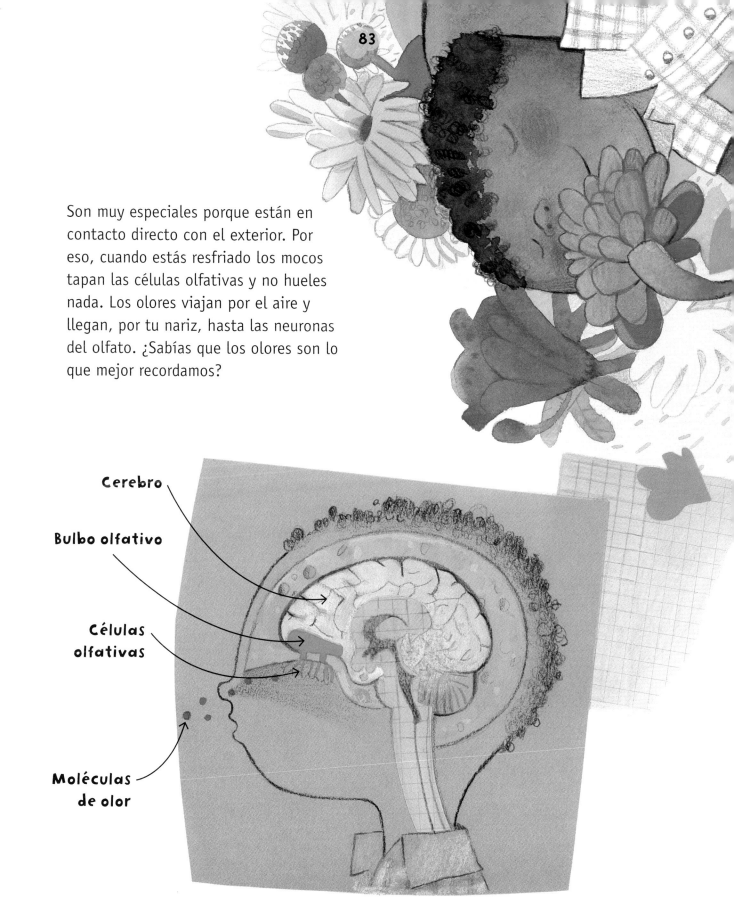

Cerebro

Bulbo olfativo

Células olfativas

Moléculas de olor

El gusto

Papilas gustativas

El gusto es el sentido que te permite percibir el sabor de los alimentos. Cuando comes o bebes algo, tu lengua detecta si es dulce, salado, amargo o ácido. También nota si está demasiado caliente o frío, y si es suave o áspero. Sobre la lengua hay unos bultitos muy especiales, las papilas gustativas, que son sensibles a los sabores. Tienes miles de ellas y puedes verlas a simple vista. ¿Sabías que umami es el quinto sabor? Pide a tus padres o alguien mayor que te ayude a buscar qué es "umami". ¡Te sorprenderá!

El tacto

Haz un experimento: mete la mano en un bolso, elige alguno de los objetos que contenga y tócalo. ¿Cuántas cosas puedes decir de él antes de sacarlo y ver lo que es? ¡Muchas! Puedes saber su forma y su tamaño. También sabrás si es suave o áspero, si está caliente o frío, si está seco o mojado... El tacto es el sentido que te permite conocer cómo son las cosas cuando las tocas. Las neuronas sensibles al tacto están en tu piel, sobre todo en las palmas de las manos, las plantas de los pies y los labios.

El órgano más grande del cuerpo

¿Cuál crees que es el órgano más grande del cuerpo? A lo mejor respondes que el corazón o el cerebro, pero en realidad la piel es el mayor de todos. La piel recubre todo tu cuerpo, desde la cabeza a los pies. Está formada por muchas capas, que van creciendo hacia fuera y que cada día, sin que te des cuenta, se van renovando. La lista de funciones que hace la piel es enorme, pero la más importante es la de proteger el resto de órganos y células del cuerpo.

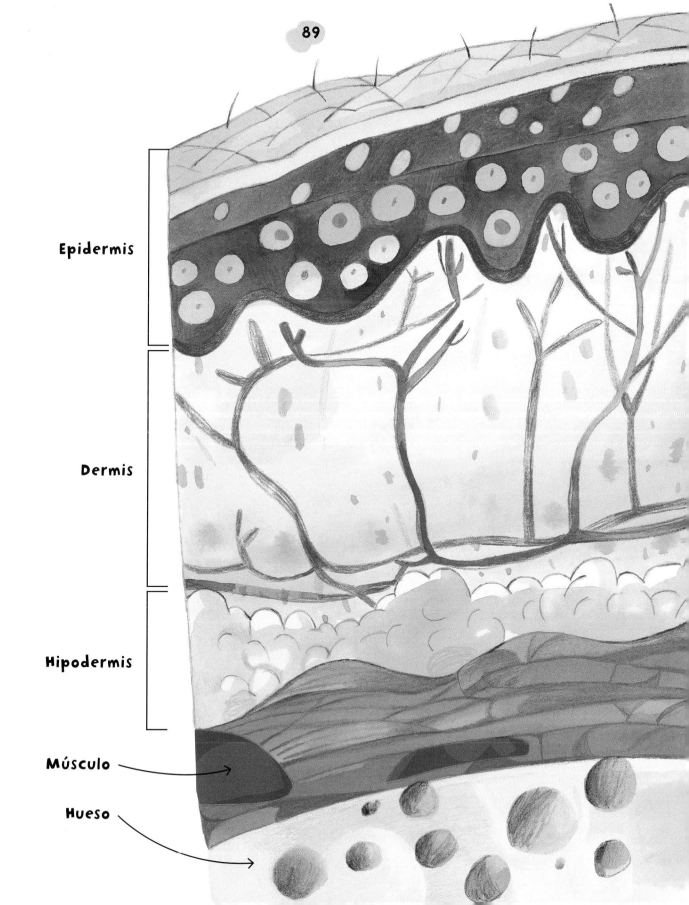

Epidermis

Dermis

Hipodermis

Músculo

Hueso

¡Cuidado con el sol!

La piel es impermeable. Eso significa que el agua no puede atravesarla. También forma una barrera contra los microbios, que solo pueden aprovechar para entrar cuando te haces una herida que atraviesa la piel (¡por suerte, los glóbulos blancos lo solucionarán!). Además, la piel puede oscurecerse para protegerte de los rayos solares. Pero es mejor no abusar: no estés nunca más de quince o veinte minutos al sol y ponte cremas u otros productos protectores si vas a la playa.

Pelo y uñas:
nunca paran de crecer

Entre las células que forman tu piel hay algunas con funciones muy especiales. Para empezar, hay miles de neuronas del tacto, y otras que son sensibles al dolor.

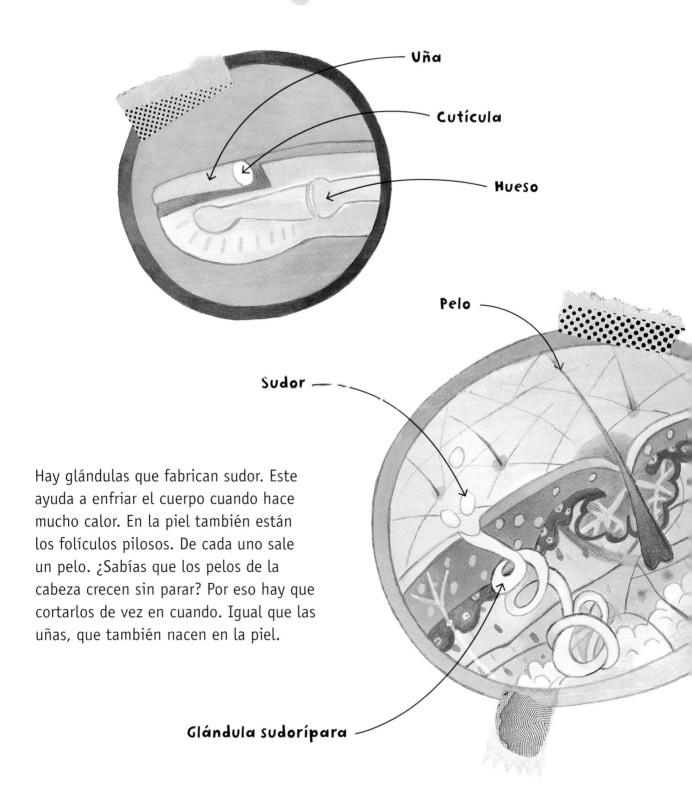

Uña

Cutícula

Hueso

Pelo

Sudor

Hay glándulas que fabrican sudor. Este ayuda a enfriar el cuerpo cuando hace mucho calor. En la piel también están los folículos pilosos. De cada uno sale un pelo. ¿Sabías que los pelos de la cabeza crecen sin parar? Por eso hay que cortarlos de vez en cuando. Igual que las uñas, que también nacen en la piel.

Glándula sudorípara

¿Para qué sirve el ombligo?

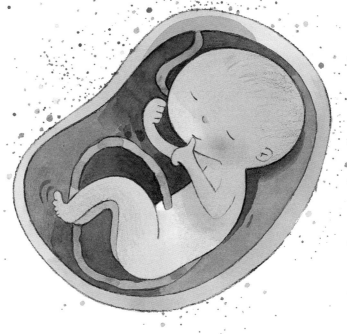

¿Sabes cómo eras antes de nacer? Al principio de todo, una célula de papá, el espermatozoide, se juntó con una célula de mamá, el óvulo, y se formó un embrión en la barriguita de mamá. En ese momento comenzó el embarazo. Durante nueve meses, el embrión creció y formó muchas más células y órganos: ¡te estabas formando tú! El ombligo nos cuenta la historia de cómo te alimentabas dentro de mamá. A través de un tubo muy especial llamado cordón umbilical, mamá te daba comida y oxígeno. Cuando naciste, ya no hacía falta el cordón umbilical y lo único que nos recuerda que existió es el ombligo.

Maravillas del Cuerpo Humano

Texto: **Alejandro Algarra**
Ilustraciones: **Marta Fàbrega**
Diseño y maquetación: **Estudi Guasch, S.L.**

Publicado por: **Plutón Ediciones X S. L.**

Segunda Edición: 2022

ISBN: 978-84-17928-10-0
Depósito Legal: B-6243-2022

www.plutonkids.es
www.plutonediciones.com